Los Zapaticos de rosa

José Martí

Ilustrado por Lulu Delacre

LECTORUM
PUBLICATIONS, INC.
111 8TH AVE., NEW YORK, NY 10011-5201

PREFACIO

José Martí cayó prisionero a los 17 años y murió a los 42 en la manigua cubana, luchando por liberar a Cuba. Durante el tiempo que vivió libre, escribió cientos de artículos, pronunció discursos y viajó mucho, siempre con el ideal dc liberar a su patria.

Sin embargo, Martí encontró tiempo para escribirles a los niños. En 1889 publicó una revista infantil llamada *La Edad dc Oro*, y en ella incluyó una joya literaria: *Los zapaticos de rosa*.

Quizás la escribió con ternura, porque pensaba dedicársela a María, una niña a quien quería como a una hija y a quien enseñaba francés. Por eso dedicó la obra "a Mademoiselle Marie: José Martí".

Y nosotros, deseosos de que conozcan *Los zapaticos de rosa,* hemos preparado esta hermosa publicación que dedicamos con cariño a todos los niños, para quienes José Martí escribió este poema.

HILDA PERERA

*H*ay sol bueno y mar de espuma,
y arena fina, y Pilar
quiere salir a estrenar
su sombrerito de pluma.

— «¡Vaya la niña divina!»
dice el padre, y le da un beso.
— «Vaya mi pájaro preso
a buscarme arena fina».

— «Yo voy con mi niña hermosa»,
le dijo la madre buena.
— «¡No te manches en la arena
los zapaticos de rosa!».

Fueron las dos al jardín
por la calle del laurel,
la madre cogió un clavel
y Pilar cogió un jazmín.

Ella va de todo juego,
con aro, y balde y paleta;
el balde es color violeta;
el aro es color de fuego.

Vienen a verlas pasar,
nadie quiere verlas ir,
la madre se echa a reír,
y un viejo se echa a llorar.

El aire fresco despeina
a Pilar, que viene y va
muy oronda: — «¡Di, mamá!
¿Tú sabes qué cosa es reina?»

Y por si vuelven de noche
de la orilla de la mar,
para la madre y Pilar
manda luego el padre el coche.

Está la playa muy linda;
todo el mundo está en la playa;
Lleva espejuelos el aya
de la francesa Florinda.

Está Alberto, el militar
que salió en la procesión
con tricornio y con bastón,
echando un bote a la mar.

¡Y qué mala, Magdalena
con tantas cintas y lazos,
a la muñeca sin brazos
enterrándola en la arena!

Conversan allá en las sillas,
sentadas con los señores,
las señoras, como flores,
debajo de las sombrillas.

Pero está con estos modos
tan serio, muy triste el mar;
lo alegre es allá, al doblar,
en la barranca de todos.

Dicen que suenan las olas
mejor allá en la barranca,
y que la arena es muy blanca
donde están las niñas solas.

Pilar corre a su mamá:
— «¡Mamá, yo voy a ser buena;
déjame ir sola a la arena;
allá, tú me ves, allá!»

— «¡Esta niña caprichosa!
No hay tarde que no me enojes:
anda, pero no te mojes
los zapaticos de rosa».

Le llega a los pies la espuma,
gritan alegres las dos;
y se va, diciendo adiós,
la del sombrero de pluma.

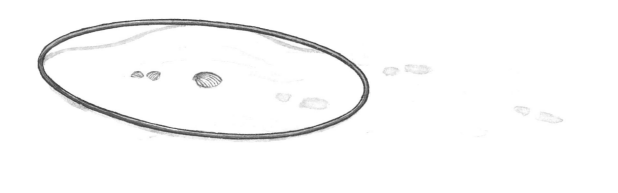

¡Se va allá, donde ¡muy lejos!
las aguas son más salobres,
donde se sientan los pobres,
donde se sientan los viejos!

Se fue la niña a jugar,
la espuma blanca bajó,
y pasó el tiempo, y pasó
un águila por el mar.

Y cuando el sol se ponía
detrás de un monte dorado,
un sombrerito callado
por las arenas venía.

Trabaja mucho, trabaja,
para andar: ¿qué es lo que tiene
Pilar que anda así, que viene
con la cabecita baja?

Bien sabe la madre hermosa
por qué le cuesta el andar:
— «¿Y los zapatos, Pilar,
los zapaticos de rosa?»

«¡Ah, loca! ¿en dónde estarán?
¡Di dónde Pilar!» — «Señora»,
dice una mujer que llora:
«¡están conmigo, aquí están!»

«Yo tengo una niña enferma
que llora en el cuarto oscuro
y la traigo al aire puro,
a ver el sol, y a que duerma».

«Anoche soñó, soñó
con el cielo, y oyó un canto,
me dio miedo, me dio espanto,
y la traje, y se durmió».

«Con sus dos brazos menudos
estaba como abrasando;
y yo mirando, mirando
sus piececitos desnudos».

«Me llegó al cuerpo la espuma.
Alcé los ojos y vi
esta niña frente a mí
con su sombrero de pluma».

— «¡Se parece a los retratos
tu niña! — dijo: — ¿Es de cera?
¿quiere jugar? ¡si quisiera!…
¿y por qué está sin zapatos?»

«Mira, ¡la mano le abrasa,
y tiene los pies tan fríos!
¡oh, toma, toma los míos,
yo tengo más en mi casa!»

«No sé bien, señora hermosa,
lo que sucedió después;
¡Le vi a mi hijita en los pies
los zapaticos de rosa!»

Se vio sacar los pañuelos
a una rusa y a una inglesa;
el aya de la francesa
se quitó los espejuelos.

Abrió la madre los brazos,
se echó Pilar en su pecho,
y sacó el traje deshecho,
sin adornos y sin lazos.

Todo lo quiere saber
de la enferma la señora:
¡No quiere saber que llora
de pobreza una mujer!

— «¡Sí, Pilar, dáselo! ¡y eso
también! ¡tu manta! ¡tu anillo!»
Y ella le dio su bolsillo,
le dio el clavel, le dio un beso.

Vuelven calladas de noche
a su casa del jardín;
y Pilar va en el cojín
de la derecha del coche.

Y dice una mariposa
que vio desde su rosal
guardados en un cristal
los zapaticos de rosa.

NOTA DE LA ILUSTRADORA

He de admitir que cuando me sugirieron que ilustrase *Los zapaticos de rosa*, la idea me atrajo inmediatamente. En primer lugar, porque siempre he soñado con ilustrar el manuscrito de un autor de renombre y en segundo lugar, porque el poema es exquisito.

Para compenetrarme plenamente con el poema, lo leí muchas veces. Se lo di a mi hija mayor para que lo analizase, y a la menor, para ver su reacción. Mientras más lo leía, más me convencía de que las ilustraciones debían ser clásicas, llenas de luz y elegancia. Después, cuando leí un estudio que se hizo sobre este poema, averigüé que Martí se inspiró en un cuadro de Winslow Homer para escribir una de las estrofas de *Los zapaticos de rosa*. Parece que Martí fue un gran admirador del célebre pintor, y que éste vivió un tiempo en Nueva York, al igual que Martí durante su destierro.

Decidí entonces estudiar a fondo la obra de Homer y dejarme influir por su estilo, para darle al poema de Martí un toque de la belleza pictórica que inspiró al poeta. Terminé haciendo acuarelas que quieren evocar los cuadros de Winslow Homer, pero que también encierran la belleza y la ternura patentes en los versos de Martí.

LULU DELACRE